AF250770

PIÈCES

HISTORIQUES ET INÉDITES

RELATIVES AU PROCÈS

DU

DUC D'ENGHIEN,

PRÉCÉDÉES DE LA

DISCUSSION

DES ACTES DE LA COMMISSION MILITAIRE.

Deuxième Tirage.

PARIS.

BAUDOUIN FRÈRES, LIBRAIRES,

RUE DE VAUGIRARD, N° 36.

PONTHIEU, LIBRAIRE, AU PALAIS-ROYAL.

1823.

IMPRIMERIE DE J. TASTU, RUE DE VAUGIRARD, N. 36.

Pièce pendue & rachetée
par Mr Thiers.

PIÈCES

JUDICIAIRES ET HISTORIQUES

RELATIVES

AU PROCÈS DU DUC D'ENGHIEN.

PIÈCES

JUDICIAIRES ET HISTORIQUES

RELATIVES

AU PROCÈS DU DUC D'ENGHIEN,

AVEC

LE JOURNAL DE CE PRINCE DEPUIS L'INSTANT DE SON ARRESTATION.

PRÉCÉDÉES DE LA

DISCUSSION

DES ACTES DE LA COMMISSION MILITAIRE INSTITUÉE EN L'AN XII, PAR LE GOUVERNEMENT CONSULAIRE, POUR JUGER LE DUC D'ENGHIEN.

Par l'auteur de l'opuscule intitulé DE LA LIBRE DÉFENSE DES ACCUSÉS.

Deuxième Tirage.

———◦◦◦———

PARIS.

BAUDOUIN FRERES, LIBRAIRES,

ÉDITEURS DE LA COLLECTION DES MÉMOIRES SUR LA RÉVOLUTION FRANÇAISE,

RUE DE VAUGIRARD, N° 36.

1823.

AVANT-PROPOS.

Je n'avais que vingt ans lorsque la nouvelle de la mort du duc d'Enghien se répandit dans Paris. Cet événement fit sur moi une profonde impression. Je supposais le jugement régulier; et je n'en plaignais pas moins, sans la connaître, le sort de la victime.

Quelques années plus tard (en 1809), ayant composé un petit ouvrage, intitulé *Précis historique du Droit romain*, à une époque où le despotisme tout développé du nouvel empereur offrait plus d'un rapprochement avec les maîtres de l'ancienne Rome, le souvenir du duc d'Enghien s'offrit à ma pensée; et, comme j'en étais au successeur d'Auguste, je disais de lui : « Il usa d'abord

» de politique et de ménagemens ; et,
» tant qu'il put craindre Germanicus,
» incertain de son pouvoir (*ambiguus*
» *imperandi*), il ne fit aucune loi sans
» consulter le Sénat, ou sans se cou-
» vrir du voile de la puissance tribuni-
» tienne ; *Mais, dès qu'il eut souillé*
» *ses mains du sang de ce jeune*
» *prince, que ses vertus, ses rares*
» *qualités et l'amour des Romains*
» *lui rendaient redoutable, il devint*
» *tout autre....* Sa devise était : Qu'on
» me haïsse pourvu qu'on me craigne :
» *oderint, dum metuant.* » —- On ne
voulut pas s'y méprendre ; je fus mandé
à la police, et l'on me prouva sans
réplique que Germanicus était là pour
le duc d'Enghien, et que le mal que je
disais de l'Empereur romain retombait
sur *l'Empereur des Français.* Mon
livre fut saisi à domicile et chez l'impri-
meur ; l'édition fut supprimée, et, si je

ne fus pas personnellement poursuivi,
c'est qu'on en voulait alors plus aux li-
vres qu'aux auteurs, et qu'on jugeait
plus prudent d'étouffer la pensée sans
bruit que de la traduire avec éclat devant
les tribunaux.

Lorsque, depuis, les pièces même du
procès me sont tombées sous les yeux,
elles sont devenues pour moi l'objet
d'une vive curiosité; et leur examen m'a
suggéré les réflexions qu'on va lire.

Ce travail était resté dans mon porte-
feuille; car chacun a le sien. Je ne l'avais
communiqué qu'à un très-petit nombre
de personnes (1), et je n'aurais jamais
pris sur moi de rappeler l'attention publique sur cet affligeant sujet, si d'autres
n'eussent pris l'initiative.

Mais, puisque *la catastrophe du duc*

______

(1) Il se trouve cité dans les *Annales du Barreau
français* (moderne), tome V, p. 607.

1*

d'Enghien est redevenue l'objet de nouvelles discussions; aujourd'hui que ces discussions sont d'autant plus de nature à égarer le public que chacun parle ou écrit dans la supposition que les pièces du procès ont péri sans retour : je dois, puisqu'il est en mon pouvoir de faire connaître la vérité, la dire sans autre intérêt que celui de la vérité même ; sans passion, sans esprit de parti, sans m'immiscer dans une querelle qui n'est pas la mienne; mais toutefois en exprimant, comme tout homme juste doit le faire, mon aversion personnelle pour une action que la morale réprouve, qu'aucun motif, même politique, ne peut pallier ni justifier, et dont le récit ne doit passer à la postérité qu'avec les qualifications qui lui appartiennent.

On fera peut-être une objection ; l'on dira : Vous critiquez un jugement, vous méconnaissez l'autorité de la *chose ju-*

gée! --- N'en déplaise aux amis de toutes les choses ainsi jugées, ils n'ôteront ni à l'historien ni au jurisconsulte le droit de discuter de pareils actes. Jamais, non jamais le caractère auguste de la chose véritablement jugée, qui est d'être réputée *la vérité même*, ne s'appliquera à une condamnation politique dont l'injustice et l'illégalité seront aussi rigoureusement démontrées : en pareille matière, *celui qui juge à son tour est jugé.*

TABLE.

DISCUSSION

DES

ACTES DE LA COMMISSION MILITAIRE

INSTITUÉE, EN L'AN XII, PAR LE GOUVERNEMENT CONSULAIRE,
POUR JUGER LE DUC D'ENGHIEN.

LA mort de l'infortuné duc d'Enghien est un des événemens qui ont le plus affligé la nation française : il a déshonoré le gouvernement consulaire.

Un jeune prince, à la fleur de l'âge, surpris par trahison sur un sol étranger, où il dormait en paix sous la protection du droit des gens ; entraîné violemment vers la France, traduit devant de prétendus juges qui, en aucun cas, ne pouvaient être les siens ; accusé de crimes imaginaires ; privé du secours d'un défenseur ; interrogé et condamné à huis-clos ; mis à mort de nuit dans les fossés d'un château-fort servant de prison d'État : tant de vertus méconnues, de si chères espérances détruites, feront à jamais de cette catastrophe un des actes les plus révoltans auxquels ait pu s'abandonner un gouvernement absolu !

Le simulacre des formes judiciaires, alors même qu'elles auraient été ponctuellement observées, n'ôterait rien au jugement en lui-même de son effroyable iniquité : des lois, si les lois de cette époque avaient pu autoriser une telle condamnation, laisseraient encore au législateur la honte de les avoir portées : des juges, s'ils avaient eu réellement le pouvoir de prononcer, n'en seraient pas moins livrés au remords éternel d'avoir sacrifié l'innocent !.....

Mais si aucune forme n'a été respectée ; mais si les juges étaient incompétens ; mais s'ils n'ont pas même pris la peine de relater dans leur arrêt la date et le texte des lois sur lesquelles ils prétendaient appuyer cette cruelle condamnation ; si le malheureux duc d'Enghien a été fusillé en vertu d'une sentence *signée en blanc....* et qui n'a été régularisée qu'après coup ! alors ce n'est plus seulement l'innocence victime d'une erreur judiciaire; la chose reste avec son véritable nom; c'est un odieux assassinat.

Une telle assertion aurait-elle besoin d'être démontrée? Ah! sans doute, la gloire du duc d'Enghien n'en a pas besoin! Mais la France qui a déploré la perte de ce jeune héros; la France qui voyait en lui le digne héritier de ce beau nom de Condé qui valut tant de gloire à nos armes; la France éprouvera quelque consolation, en apprenant que la mort du duc d'Enghien fut le crime de quelques hommes, et non le crime des lois? Les Français y trouveront de nouveaux motifs pour se réjouir de l'abolition du gouvernement militaire; pour respecter et chérir davantage les institutions qui, sous la monarchie constitutionnelle, garantissent l'honneur, la liberté, la vie de tous les citoyens.

§ Ier.

Illégalité de l'arrestation du duc d'Enghien.

Le duc d'Enghien raconte ainsi les circonstances de son arrestation dans un *journal écrit par lui-même*, dont copie est restée aux pièces, et dont la lecture intéresse surtout par sa simplicité.

« Le jeudi 15, à Ettenheim, ma maison
» cernée par un détachement de dragons
» et des piquets de gendarmerie, total deux
» cents hommes environ, deux généraux,
» le colonel de dragons, le colonel Charlot
» de la gendarmerie de Strasbourg, à cinq
» heures (du matin). — A cinq heures et
» demie, les portes enfoncées, emmené au
» moulin près la Tuilerie. — Mes papiers en-
» levés, cachetés. — Conduit dans une char-
» rette entre deux haies de fusiliers, jus-
» qu'au Rhin. — Embarqué pour Rhisnau.
» Débarqué et marché à pied jusqu'à Pfofs-
» heim. — Déjeuner à l'auberge. Monté en
» voiture avec le colonel Charlot, le maré-
» chal-des-logis de la gendarmerie, un gen-
» darme sur le siége, et Grunstein. — Arrivé
» à Strasbourg, chez le colonel Charlot, vers
» cinq heures et demie. Transféré une demi-
» heure après, dans un fiacre, à la cita-
» delle...»

La loi du 28 mars 1793, art. 74, et celle

du 25 brumaire an III, tit. 5 , sect. 1 , art. 7,
voulaient que les émigrés qui , ayant porté
les armes contre la France , seraient arrêtés,
soit en France , soit en pays ennemi ou con-
quis , fussent jugés dans les vingt-quatre
heures , par une commission de cinq mem-
bres , nommés par le chef de l'état-major
de la division de l'armée dans l'étendue de
laquelle ils auraient été saisis.

La loi du 19 fructidor an V avait étendu
cette mesure à tous les émigrés , sans distinc-
tion, qui seraient *arrêtés dans le territoire*
de la république : seulement, elle voulait,
article 17, que la commission militaire fût,
à leur égard, composée de sept membres,
nommés par le général commandant la division dans l'étendue de laquelle leur arrestation aurait eu lieu.

Mais, à ce sujet, il y a trois remarques à
faire.

Premièrement, le duc d'Enghien ne pouvait pas être rangé parmi les simples *émigrés.*
En sa qualité de *prince* français, il était dans
une classe à part. On appelait *émigrés,* dans
la législation , ceux qui n'étaient absens que

par leur volonté, et qui, dès-lors, pouvaient rentrer en obtenant leur radiation. Mais les Bourbons n'avaient pas cette faculté : un insolent décret avait déclaré *ne plus reconnaître de princes français,* et les avait *bannis à perpétuité* du territoire.

Secondement, à l'époque où le duc d'Enghien fut capturé, il y avait déjà près de deux ans que le sénatus-consulte de l'an X avait été promulgué, et que des mesures plus humaines (couvertes du nom, si souvent trompeur, *d'amnistie*) avaient mitigé la législation sur les émigrés. Les mœurs de la nation, qui avaient déposé la fureur révolutionnaire et qui commençaient à reprendre leur douceur accoutumée, avaient même été plus loin; et nous en trouvons la preuve dans les écrits d'un homme qui n'est pas *suspect* de faveur pour les émigrés. L'éditeur du Nouveau Répertoire de Jurisprudence, au mot *Commission*, sect. 1, § 5, n° 1er, après avoir rappelé les lois des 28 mars 1793, 25 brumaire an III, et 19 fructidor an V, s'exprime en ces termes : « Ces lois » seraient encore, à la rigueur, applicables

» aux émigrés qui n'ont pas profité ou qui
» ont été exceptés de l'amnistie proclamée
» par le sénatus-consulte de l'an X ; mais
» *le gouvernement se borne constamment à*
» *faire déporter du territoire français ceux*
» *d'entre eux qu'on y arrête.* » — Il avait
donc renoncé au droit féroce de les égorger.

Troisièmement enfin, alors même qu'on aurait pu légalement appliquer au duc d'Enghien la qualification d'*émigré ;* alors même encore que la législation sanguinaire portée contre les émigrés aurait été dans toute sa vigueur ; au moins il est incontestable qu'elle ne pouvait être appliquée qu'à ceux d'entre eux qui seraient *arrétés dans le territoire de la République*, comme le portait la loi du 19 fructidor an V ; ou, si l'on veut remonter aux lois de 1793 et de l'an III, à ceux qui ayant porté les armes contre la France, seraient arrêtés, *soit en France, soit en pays ennemi ou conquis.*

Or, le duc d'Enghien n'avait pas été arrêté *en France ;* il résidait en pays étranger. Ce pays n'était pas un pays *ennemi ou conquis.* Le château d'Ettenheim où fut assailli le duc

d'Enghien, situé à quatre lieues de Strasbourg, sur la rive droite du Rhin, *apparte-
nait à l'électeur de Bade, prince souverain.*
La France était *en pleine paix* avec l'électeur.
Le duc d'Enghien vivait à Ettenheim, depuis
long-temps, dans une sécurité d'autant plus
grande, que la cour électorale, soigneuse
d'éviter tout prétexte de rupture avec son
redoutable voisin, avait soumis au gouvernement consulaire la convenance du séjour
du prince, avant de l'autoriser.

C'est donc contre la foi des traités, en
contravention formelle du droit des gens,
qui proclame l'indépendance des souverai-
netés et l'inviolabilité des territoires (hors
le cas de guerre loyalement déclarée), que
le duc d'Enghien a été arrêté, et S. M. le roi
de Prusse a eu raison de dire dans son ma-
nifeste du 9 octobre 1806 : « *L'indépendance*
» *du territoire allemand est violée, au milieu*
» *de la paix, d'une manière outrageante*
» *pour l'honneur de la nation.* Les Alle-
» mands n'ont pas vengé la mort du duc
» d'Enghien ; mais jamais le souvenir de *ce*
» *forfait* ne s'effacera parmi eux. »

La conséquence est que la personne du duc d'Enghien n'était pas légalement entre les mains de ses ennemis : il n'était pas prisonnier de guerre, puisqu'il n'avait pas été pris les armes à la main, et qu'on était en pleine paix; il n'était pas prisonnier à titre civil, car l'extradition n'avait pas été demandée; c'était un emparement violent de sa personne, comparable aux captures que font les pirates de Tunis et d'Alger; une course de voleurs, *incursio latronum.* — Une pareille arrestation ne pouvait donc pas rendre celui qui en était l'objet, justiciable d'aucun tribunal français.

§ II.

Incompétence de la commission militaire.

Cette commission fut réunie en vertu d'un arrêté du premier consul (du 29 ventose an XII), pour juger le duc d'Enghien, « prévenu d'avoir porté les armes contre la » république, d'avoir été et d'être encore à

» la solde de l'Angleterre, de faire partie
» *des complots tramés par cette dernière*
» *puissance contre la sûreté intérieure et ex-*
» *térieure de la république.* » (Pièce n° 2.)

Un ordre signé le même jour par Murat,
gouverneur de Paris (pièce n° 3), nomme
les membres de la commission, et porte qu'elle
se réunira sur-le-champ *pour juger* le « pré-
» venu sur les charges énoncées dans l'ar-
» rêté du gouvernement. » (C'est l'arrêté
qui précède.)

Plus tard, il paraîtra sans doute étrange
que les *chefs de condamnation* ne soient
pas les mêmes que les *chefs d'accusation :*
mais, quant à présent, si l'on s'arrête au
texte de l'arrêté de mise en prévention, on
y voit que le duc d'Enghien est prévenu *de*
complots tramés contre la sûreté intérieure
et extérieure de la république.

Eh bien! jamais la connaissance de ces
complots n'a été attribuée aux commissions
militaires ; elle a toujours été réservée aux
tribunaux ordinaires.

Lors même que la commission militaire
aurait été compétente pour connaître des

autres chefs de prévention, elle ne pouvait jamais, même sous le prétexte de connexité, connaître de l'accusation de complot contre la sûreté de l'État; elle aurait dû, dans tous les cas, se déclarer incompétente à cet égard. Ce point de jurisprudence a été reconnu et avoué par le *ministre de la justice*, dans son rapport du 4 ventose an V (1), sur l'affaire Dunan, Brottier et de la Villeurnoy; rapport qui a été inséré au Bulletin des lois, 2e série, n° 1021, avec la sanction du Directoire.

Cette incompétence de la commission militaire, démontrée par le titre même de l'accusation, vicie d'avance tout jugement qu'elle aura pu rendre : car elle aura jugé sans pouvoir; et il n'y a pas de plus grand défaut. *Nullus major defectus, quàm potestatis.*

----

(1) Dans ce Rapport, le ministre a la hardiesse de traiter Louis XVIII de *rebelle.* « Ce n'est donc pas « *un rebelle*, dit-il, que ce prétendu Louis XVIII? etc. »

§ III.

Irrégularités dans l'instruction.

Le premier caractère de cette procédure infernale est que tout s'est fait *de nuit.*

« L'an douze de la république française, » aujourd'hui 29 ventose, 12 *heures du soir,* » moi, capitaine-major, etc. , » porte l'interrogatoire (pièce nº 4).

Ainsi c'est à *minuit* que commence l'instruction !

Or, il est de règle générale qu'on ne doit procéder que de jour. « Justice et exécution » d'icelle se doivent faire de *jour,* » dit Loysel dans ses *Opuscules,* page 155.

A minuit donc, le capitaine-rapporteur s'introduit dans la chambre *où se trouvait couché le duc d'Enghien :* on le réveille (1), on l'interroge.

« Quel grade occupiez-vous dans l'armée » de Condé? — Commandant de l'avant-

____

(1) C'est ainsi que le grand Condé dormait paisiblement la veille de la bataille de Rocroy.

» garde, en 1796, répond le héros. — Et
» depuis? — Toujours à l'avant-garde. »

Ses autres réponses portent le même caractère de grandeur; une franchise sans rudesse, une modestie qui n'ôte rien à la fierté.

Il n'a servi que sous les ordres de son grand-père.

Il n'est point à la solde de l'Angleterre; il a reçu de cette puissance un traitement provisoire; il le fallait bien; *je n'ai que cela pour vivre*, dit le descendant de vingt rois!

Du reste, il n'a entretenu aucune correspondance, si ce n'est avec son grand-père et son père qu'il n'a même pas vu depuis 1795.

Jamais il n'a vu le général Pichegru; il n'a point eu de relations avec lui.

Pas davantage avec Dumouriez qu'il n'a jamais vu non plus.

Il soutient n'avoir entretenu dans l'intérieur de la France aucune correspondance du genre de celles qu'on lui impute.

L'interrogatoire est terminé par ces mots:
« Avant de signer le présent procès-verbal,
» je fais, avec instance, la demande d'avoir

» une audience particulière avec le premier
» consul. Mon nom, mon rang, ma façon de
» penser, et l'horreur de ma situation me
» font espérer qu'il ne se refusera pas à ma
» demande. »

Vain espoir ! La grande ame du prince supposait de la magnanimité à ses ennemis !.. D'autres résolutions étaient prises... D'autres ordres avaient été donnés...

L'interrogatoire est clos et signé par le duc, le capitaine-rapporteur et le greffier. Mais on y remarque l'omission de deux formalités substantielles : 1° il n'est pas fait mention qu'il en ait été donné *lecture* ; et cependant l'article 17 de la loi du 13 brumaire an V (1) prescrit impérieusement cette formalité. « L'interrogatoire fini, il en sera
» *donné lecture* au prévenu, afin qu'il dé-

----

(1) La loi du 13 brumaire an V, qui règle la procédure qui doit être observée devant *les conseils de guerre*, a été déclarée applicable aux *commissions militaires*. Voyez l'ouvrage intitulé : *Guide des Juges militaires*, page 93, et l'Avis du conseil d'État du 7 ventose an XIII.

» clare si ses réponses ont été fidèlement
» transcrites, si elles contiennent vérité, et
» s'il y persiste; auquel cas il signera, etc. »
Ici, cette forme était d'autant plus essen-
tielle, qu'il n'y avait contre le duc ni pièces,
ni témoins, et que les commissaires parais-
sent ne s'être décidés que sur des inductions
tirées de cet interrogatoire.

2°. La même loi, article 19, porte encore
ce qui suit : « Après avoir clos l'interroga-
» toire, le rapporteur dira au prévenu de
» *faire choix d'un ami pour défenseur.* —Le
» prévenu aura *la faculté de choisir ce dé-*
» *fenseur* dans toutes les classes de citoyens
» présens sur les lieux ; s'il déclare qu'il ne
» peut faire ce choix, le rapporteur le fera
» pour lui. »
Ah ! sans doute le prince n'avait point
d'*amis* parmi ceux qui l'entouraient ; la
cruelle déclaration lui en fut faite par un
des fauteurs de cette horrible scène !........
Hélas ! que n'étions-nous présens ! que ne
fut-il permis au prince de faire un appel au
Barreau de Paris ? Là, il eût trouvé des amis
de son malheur, des défenseurs de son in-

fortune ; des soutiens de son bon droit ; des avocats qui, comme leurs devanciers et leurs successeurs, se fussent montrés jaloux de l'honneur de déplaire au despotisme, et qui n'eussent pas craint de braver ses coups!......

Le duc était seul !........ ; mais ne parlons que de la loi : elle a été méconnue en ce point essentiel; l'avertissement qui, au moins pour la forme, eût dû être donné, ne l'a pas été : à défaut d'un défenseur choisi par le prince, on ne lui en a pas désigné un d'office; *il n'a pas été défendu !* Or, un accusé sans défenseur n'est plus qu'une victime abandonnée à l'erreur ou à la passion du juge; celui qui condamne un homme sans défense, cesse d'être armé du glaive de la loi, il ne tient plus qu'un poignard!

§ IV.

Vices du jugement.

L'interrogatoire a lieu le 29 ventose *à minuit.*

Le 30 ventose, *à deux heures du matin* (1),

-----

(1) Voyez, pièce n. 5, la minute du jugement. On y

le duc d'Enghien est introduit devant la commission militaire. Quelle horrible précipitation !

La minute du jugement porte que le conseil est assemblé, « à l'effet de juger le ci-de- » vant duc d'Enghien sur les charges portées » dans l'arrêté précité (celui du 29 ven- » tose); » et conséquemment, sur l'accusation de *complots contre la sûreté de l'État*, accusation pour laquelle, ainsi qu'on l'a déjà démontré, la commission devait déclarer son incompétence absolue.

Le président fait amener le prévenu, et ordonne au capitaine-rapporteur de donner connaissance des pièces tant à charge qu'à décharge, *au nombre d'une* (c'est l'arrêté qui renvoyait devant la commission.)

---

lit : « Aujourd'hui, le 30 ventose an XII de la répu- » blique, *deux heures du matin...* » Ces mots *deux heures du matin* qui n'y ont été mis que parce qu'en effet il était cette heure-là , sont effacés sur la minute, sans avoir été remplacés par d'autre indication. *Litura tamen extat.*

Cette assertion est mensongère quant aux pièces *à décharge* : il n'y en avait pas; on n'en a donc pas donné lecture. C'était une vaine formule. On peut même dire qu'il n'y avait pas de pièces *à charge;* car la pièce *unique* qu'on ait lue, c'est-à-dire l'arrêté de renvoi, n'était *ni à charge ni à décharge;* c'était seulement un acte de procédure, un acte de simple instruction, qui donnait la question telle quelle à juger d'après les charges ou les justifications qui seraient produites.

Pas un seul témoin n'a été produit ni entendu contre l'accusé.

Restait donc son interrogatoire; mais cet interrogatoire, en le supposant régulier, eût-il d'ailleurs renfermé l'aveu le plus formel de tous les faits de l'accusation, ne pouvait jamais suffire seul et par lui-même, pour établir contre l'accusé une preuve de culpabilité, capable de motiver une condamnation, et surtout une condamnation capitale! C'est une maxime constante parmi les criminalistes.

On n'a pas, lors du jugement, réparé l'omission faite lors de l'interrogatoire, relativement au choix du conseil.

Enfin, quant au jugement même, en voici le prononcé, copié littéralement sur la minute. (Voyez pièce n° 5.) «La Commission, après
» avoir donné au prévenu lecture de ses
» déclarations, par l'organe de son prési-
» dent, et lui avoir demandé s'il avait quel-
» que chose à ajouter dans ses moyens de
» défense, il a répondu n'avoir rien à dire
» de plus, et y persister. — Le président
» fait retirer l'accusé. — Le conseil délibé-
» rant à *huis-clos*, le président a recueilli
» les voix, en commençant par le plus jeune
» en grade; le président ayant émis son opi-
» nion le dernier, *l'unanimité* des voix l'a
» déclaré coupable, et lui a appliqué l'ar-
» ticle...., de la loi du....., ainsi conçu.....
» (tout cela en blanc); et en conséquence
» l'a condamné à mort. »

Quelle monstruosité dans cette forme de prononcer! Jamais peut-être le mépris de toutes les formes ne fut poussé plus loin!

L'accusé est *déclaré coupable!* Coupable de quoi? le jugement ne le dit pas.

La loi précitée (du 13 brumaire an V)
porte, article 30 : « Le président posera les
» questions ainsi qu'il suit : *N** accusé d'a-*
» *voir commis tel délit, est-il coupable ?* » —
Or, dans le jugement que nous examinons,
et dont j'ai vu, tenu et littéralement copié la
minute originale, aucune question n'a été
posée.

C'est un principe constant en matière pé-
nale, que tout jugement qui prononce une
peine, doit *contenir la citation de la loi* en
vertu de laquelle la peine est appliquée.

En particulier, la loi du 3 brumaire an V
dit, article 25 : « Le président fera apporter
» et déposer devant lui, sur le bureau, *un*
» *exemplaire de la loi* (1) ; le procès-verbal
» fera *mention* de cette formalité. »

L'article 35 dit encore : « Le président,
» après avoir rendu à haute voix et fait ins-
» crire au procès-verbal la décision du con-
» seil sur la culpabilité de l'accusé, *lira le*

______

(1) On conçoit aisément que le *Bulletin des Lois*
n'était pas dans la bibliothèque du donjon de Vincennes.

» *texte de la loi*, et appliquera la peine
» prononcée par le conseil. »

Eh bien ! ici aucune de ces formes n'a été
remplie. Aucune mention n'atteste au procès-
verbal que les Commissaires aient eu sous les
yeux *un exemplaire de la loi ;* rien ne constate que le président en ait *lu le texte* avant
que de l'appliquer. Loin de-là , le jugement
dans sa forme matérielle offre la preuve que
les commissaires ont condamné sans savoir
ni la date ni la teneur de la loi ; car ils ont
laissé en blanc , dans la minute de la sentence , et la date de la loi...., et le numéro
de l'article...., et la place destinée à recevoir
son texte....

Et cependant, c'est sur la minute d'une
sentence constituée dans cet état d'imper-
fection , que le plus noble sang a été versé
par des bourreaux !

Mais poursuivons l'examen de ce triste
monument d'ignorance et d'infamie.

La délibération doit être secrète , mais la
prononciation du jugement doit être publique. — C'est encore la loi qui nous dit :
« Les opinions ainsi recueillies, le prési-

» dent fera *rouvrir la porte* du con-
» seil. » (Loi du 13 brumaire an V, art. 34.)
— Or, le jugement du 30 ventose dit bien :
Le conseil *délibérant à huis-clos*, etc. Mais
on n'y trouve pas la mention que l'on ait
rouvert les portes ; on n'y voit pas exprimé
que le résultat de la délibération ait été prononcé *en séance publique.*

Il le dirait, y pourrait-on croire ? Une
séance *publique* à deux heures du matin dans
le donjon de Vincennes ! lorsque toutes les
issues du château étaient gardées par des
gendarmes *d'élite !* Mais enfin, on n'a pas
même pris la précaution de recourir au
mensonge ; le jugement est muet sur ce
point.

Ce jugement est signé par le président
et les six autres commissaires, y compris le
rapporteur ; mais il est à remarquer que la
minute *n'est pas signée par le greffier* dont
le concours cependant était nécessaire
pour lui donner authenticité. « Le gref-
» fier (porte l'article 36 de la loi préci-
» tée) *écrira le jugement* motivé au pied
» du procès-verbal, qui sera ensuite clos et

» *signé de tous les membres du conseil*, du
» rapporteur *et dudit greffier.* »

Ainsi, d'un bout à l'autre, dans toutes ses parties, la sentence portée contre le duc d'Enghien offre la plus scandaleuse viola-/ tion de toutes les formes! Ce n'est un jugement que de nom !

Et cependant, elle est terminée par cette terrible formule : « Ordonne que le présent » jugement sera exécuté DE SUITE à la dili- » gence du capitaine-rapporteur. »

DE SUITE ! mots désespérans! *de suite!* et une loi expresse , celle du 15 brumaire an VI , accordait le recours en révision contre tous les jugemens militaires! et la loi du 27 ventose an VIII permettait également de se pourvoir en cassation contre les jugemens militaires pour incompétence ou excès de pouvoir (1) !

---

(1) « S'il y avait un pourvoi de cette nature , nous
» pensons qu'après le prononcé de la commission mi-
» litaire , les juges pourraient *suspendre l'exécution* du
» jugement et *attendre* que le tribunal suprême de
» l'empire ait rejeté ou admis le pourvoi. » (*Le Guide*
» *des Juges militaires,* page 93.)

Le décret du 17 messidor an XII, qui a dé-
cidé que les jugemens des commissions militaires spéciales ne pourraient être attaqués
par recours à aucun autre tribunal, n'était
pas encore en vigueur; et d'ailleurs, ce
décret, dans sa sévérité même, ne disait pas
que ces jugemens seraient exécutés *de suite*;
mais « seront exécutés *dans les vingt-quatre*
» *heures* de leur prononciation. » Enfin, les
juges n'ignoraient pas que le prisonnier avait,
à la fin de son interrogatoire, demandé *avec
instance* à parler au premier consul. Pour-
quoi donc ces mots inusités : Sera exécuté *de
suite?....*

Il était deux heures du matin : le jour al-
lait paraître; et le chef du gouvernement,
sans l'ordre exprès duquel qui que ce soit
n'aurait osé disposer d'un tel prisonnier, ne
voulait pas que Paris, à son réveil, apprît
qu'un prince de la maison de Bourbon res-
pirait, si près de la capitale, dans le donjon
de Vincennes!

§ V.

Exécution.

Interrogé de nuit, jugé de nuit, le duc d'Enghien a été tué de nuit : le jour ne devait pas éclairer un crime aussi atroce !

Cet horrible sacrifice devait se consommer dans l'ombre afin qu'il fût dit que toutes les lois avaient été violées ; toutes, même celles qui prescrivent la publicité de l'exécution, comme une dernière garantie offerte au malheur contre l'illégalité et la barbarie des supplices (1).

Descendu dans le fossé, on voulut faire mettre le duc d'Enghien à genoux : — « Un Bourbon, répondit-il, ne fléchit le genou que devant Dieu. »

On lui refusa les secours de la religion.

Dans la *Biographie des contemporains*, ouvrage imprimé à Bruxelles en 1818, quoique rédigé dans un esprit entièrement favorable au bonapartisme, on lit ce qui suit à l'article *Enghien* : « La nuit étant très-obs-

____

(1) Code pénal de 1791, art. 5 ; code de brumaire an IV, art. 445 ; décret du 16 août 1793, qui, en posant une exception, consacre d'ailleurs le principe.

» cure, on lui attacha une lanterne sur le
» cœur, afin de servir de point de mire aux
» soldats (1); on le jeta ensuite tout habillé
» dans une fosse qu'on avait creusée *la veille,*
» pendant qu'il soupait. » — La fosse d'un
accusé creusée avant le jugement! voilà le
procès du duc d'Enghien!

Du reste, *la Biographie des contemporains*
a tort de dire que le prince fut fusillé par
des soldats. « Il faut le dire pour la vérité de
» l'histoire : le crime fut consommé par des
» *gendarmes* D'ÉLITE (2). »

§ VI.
Suites.

La capitale apprit la mort du duc d'Enghien en même temps que son procès. L'impression fut terrible. Le premier consul lui-
même en fut effrayé. Peut-être trouva-t-il

---

(1) Suivant une autre relation, le duc d'Enghien
aurait pris lui-même cette lanterne et l'aurait tenue
d'une main ferme, jusqu'au moment de l'explosion ;
tous les rapports, au surplus, s'accordent en ce point,
qu'il a fallu le secours d'une lanterne pour éclairer
cette horrible exécution. La variété des dépositions
vient de ce que tous les témoins n'étaient pas également à portée de bien distinguer dans l'obscurité.

(2) *Biographie universelle*, imprimée chez Michaud.

que l'élite de ses serviteurs avait trop ponctuellement exécuté ses ordres ! Mais enfin le coup était porté, le crime commis ; il ne s'agissait plus que de le justifier, s'il était possible, aux yeux du peuple et du sénat.

C'est ainsi qu'autrefois Caracalla, après s'être souillé du meurtre de Gèta, voulut charger le jurisconsulte Papinien de légitimer ce parricide devant les sénateurs. Papinien s'y refusa, disant *qu'il n'est pas si facile d'excuser un crime que de le commettre :* et, comme le tyran insistait, Papinien répliqua : *C'est commettre un second parricide que d'accuser un innocent après l'avoir mis à mort.*

Les affidés du premier consul ne furent pas tous (1) aussi courageux que Papinien. On les vit empressés de seconder ses vues, et s'efforcer de *régulariser l'assassinat,* en donnant à la sentence qu'il s'agissait de publier des motifs et des formes qui pussent accréditer la condamnation.

---

(1) La mort du duc d'Enghien éprouva cependant quelque contradiction ; la voix publique a proclamé les instances de Joséphine, de Cambacérès, etc.; mais tout se taisait alors devant un *je le veux :*

Sic volo, sic jubeo, stet pro ratione voluntas.

Le conseiller d'État *spécialement chargé de l'instruction et de la suite de toutes les affaires relatives à la tranquillité et à la sûreté intérieure de la république*, écrivit, le jour même, au président, pour le prier de lui transmettre le jugement rendu le matin contre le duc d'Enghien. (Voyez pièce n° 6.)

Le même jour, seconde lettre de ce même conseiller d'État, ainsi conçue : « J'attends le » jugement et les interrogatoires de l'ex-duc » d'Enghien, pour me rendre à la Malmaison, » auprès du premier consul. » (Pièce n° 7.)

Le lendemain, Murat (1) qui, de la *commission de Vincennes*, où il avait activé la condamnation du duc d'Enghien, s'était transporté à Paris pour y presser le jugement d'autres accusés traduits vers ce même temps devant le *tribunal criminel spécial de la Seine*, Murat, dis-je, écrivit de son côté au général qui avait présidé la commission : « Envoyez- » moi, je vous prie, mon *cher* Hullin, co-

______

(1) Voyez la *Biographie universelle.* Quelques amis de Murat persistent cependant à soutenir qu'il n'était pas à Vincennes.

» pie de l'interrogatoire qu'on a fait au ci-
» devant duc d'Enghien. Il pourrait être *utile*
» au citoyen Thuriot. » Le citoyen Thuriot,
qui à cette époque instruisait le procès de
Pichegru et de ses compagnons !

Ainsi, c'est en vue de s'étayer dans un autre
procès du jugement rendu contre le duc d'Enghien, et aussi afin de rendre ce jugement
présentable aux yeux du public, qu'on paraît
avoir préparé plus à loisir une nouvelle rédaction.

En effet, dans le dossier qui m'a été communiqué, et dont j'ai fidèlement copié toutes les pièces, indépendamment de la minute
originale du jugement dont j'ai rendu compte
sous le § IV, et qui seule est revêtue de la signature de tous les membres de la commission, sauf toutefois celle du greffier ; se trouvait une autre feuille portant seulement la signature du président, du rapporteur, et qui,
bien que qualifiée *copie* du jugement, offre
une rédaction tout-à-fait différente de celle
de la vraie minute signée de tous les membres.

Dans cette copie, ou plutôt dans ce second
jugement refait après l'autre, le duc d'Enghien
n'est plus seulement prévenu des chefs d'ac-

cusation énoncés dans l'arrêté consulaire du 29 ventose; mais il est accusé et déclaré atteint et convaincu de *six crimes* différens, parmi lesquels s'en trouve un dont la grande ame du duc d'Enghien était surtout incapable, mais sur lequel on comptait le plus pour exciter l'indignation populaire, et colorer la condamnation : *d'être l'un des fauteurs et complices de la conspiration tramée par les Anglais* contre la vie du premier consul !

Si Bonaparte, écoutant des conseils plus généreux, avait cédé au vœu exprimé par le prince, et qu'il n'eût pas craint de rencontrer ses regards; s'il l'eût admis en sa présence, il se fût aisément convaincu que le descendant du grand Condé, disposé à le combattre sur les champs de bataille, était incapable de tremper dans un complot d'assassinat !

Dans la nouvelle rédaction du jugement, les lois sont visées et les blancs sont remplis : on dit même, vers la fin, qu'on a jugé en *séance publique*; mais il reste toujours, même dans cette seconde rédaction, une masse d'irrégularités qu'on n'a pas pu faire disparaître.

Ainsi dans ce nouveau jugement, comme dans le premier,

1°. Pas de témoins contre l'accusé; pas de pièces à charge; on s'empare seulement des réponses consignées dans un interrogatoire nul, puisqu'il ne constate pas que le prévenu en ait eu *lecture*.

2°. On juge sur cet interrogatoire, et l'on condamne le duc d'Enghien même sur des faits et des chefs qui, ne faisant pas la matière du renvoi devant la commission, n'ont pas fait non plus la matière de cet interrogatoire, et ne pouvaient pas, par la même raison, devenir la matière d'une condamnation.

3°. La commission, malgré la nouvelle rédaction, n'en demeurait pas moins *incompétente*, par les motifs déjà émis.

4°. Il restait toujours pour constant que l'accusé n'avait pas été assisté de conseil, ni averti d'en choisir un.

5°. Malgré la qualification de *séance publique*, insérée à la fin du nouveau jugement, il n'en est pas moins certain que l'instruction et le jugement ont eu lieu en trois heures de temps, la nuit, dans une prison au

coin d'un bois, *sans public,* et par consé-
quent sans publicité.

6°. Enfin, la substitution tardive d'une seconde rédaction, en apparence plus régu-
lière que la première (*bien qu'également
injuste*), n'ôte rien à l'odieux d'avoir fait
périr le duc d'Enghien sur un croquis de
jugement, signé à la hâte, et qui n'avait pas
encore reçu son complément.

Les dernières intentions de l'infortuné
prince ont-elles du moins été remplies?.... Il
avait laissé des *cheveux, un anneau d'or et
une lettre......* avec recommandation que ces
objets fussent remis à madame la princesse
de Rohan.

Une lettre, jointe aux pièces du procès,
atteste seulement que le général Hullin a
envoyé ces tristes restes au conseiller d'État
Réal. Que sont-ils devenus?..... (Pièce n° 9.)

Enfin, ce n'est que le 22 germinal que
M. le ministre de la guerre accuse au général président de la commission, réception
de la *copie du jugement* rendu le 30 ventose,
et si vivement réclamée, dès le lendemain,
par Réal.....; mais il avait fallu en combiner
la rédaction. (Pièce n° 11.)

§ VII.

Réflexions générales.

Aucune grande injustice ne peut être commise qu'en foulant aux pieds les principes, les formes et les lois.

Aussi, le premier soin de tous les gouvernemens despotiques, de tous ceux qui veulent écraser qui leur nuit, opprimer qui leur déplaît, étouffer qui leur résiste, est de substituer l'arbitraire et la précipitation, au développement salutaire des formes dont la lenteur a surtout pour objet de laisser aux passions le temps de se calmer, et à la vérité les moyens de se faire entendre.

On ne voit pas les gouvernemens et les juges violer les formes, quand il s'agit de prononcer sur le sort d'un voleur, d'un bigame ou d'un assassin. On instruit long-temps leur procès; on les laisse se choisir librement des conseils et des défenseurs; on les écoute patiemment; on les interroge avec calme; on les juge sans partialité; ils jouissent réellement de toute la protection de la loi.

S'agit-il d'un procès politique? Tout est changé. Le pouvoir ne s'en remet plus seulement aux lois du soin de le venger. Il change l'ordre des juridictions; il cherche des juges dévoués; il violente ou dirige leur conscience; il dispense des formes; il abrége les délais; il ne leur demande pas justice, il leur demande du sang!.... Ils en donnent....

Lave tes mains, Pilate!... Elles sont teintes du sang innocent! Tu l'as sacrifié par faiblesse; tu n'es pás plus excusable que si tu l'avais sacrifié par méchanceté!

Juges iniques de tous les temps, de tous les pays, de tous les régimes; vous tous qui avez eu l'affreux malheur de juger sans pouvoir, sans formes et sans lois; instrumens dociles des vengeances du pouvoir, de l'ambition d'un chef ou de la réaction des partis, que l'infamie vous suive à travers les âges futurs! Que la postérité vous déteste comme un exemple à fuir pour ceux qui seraient tentés de vous imiter! C'est le devoir et l'intérêt de toutes les générations! c'est mon sentiment particulier

PIÈCES

RELATIVES

A LOUIS-ANTOINE-HENRI DE BOURBON,

DUC D'ENGHIEN.

INVENTAIRE DES PIECES.

N°s 1er. Journal du duc d'Enghien écrit par lui-même.

2. Arrêté qui renvoie le duc devant une commission militaire.

3. Ordre contenant nomination des membres de la commission.

4. Interrogatoire du duc d'Enghien.

5. Minute originale du jugement de condamnation.

6 et 7. Lettres de Réal pour demander le jugement.

8. Lettre de Murat qui fait la même demande.

9. Lettre de Réal, qui accuse réception *des cheveux, de l'anneau et d'une lettre du duc d'Enghien* pour la princesse de Rohan.

10. Nouvelle rédaction du jugement.

11. Le ministre de la guerre accuse réception de la copie de ce nouveau jugement.

Nota. Une pièce non moins importante est le *procès-verbal d'exhumation ;* mais on n'a pas jugé nécessaire, quant à présent, de la publier.

A*

PIÈCES

RELATIVES

A LOUIS-ANTOINE-HENRI DE BOURBON,

DUC D'ENGHIEN.

N° 1ᵉʳ.

Journal du duc d'Enghien écrit par lui-même, et dont l'original a été remis au premier consul, le 1ᵉʳ germinal an XII.

Le jeudi 15, à Ettenheim, ma maison cernée par un détachement de dragons et des piquets de gendarmerie, total de deux cents hommes environ; deux généraux, le colonel des dragons, le colonel Charlot de la gendarmerie de Strasbourg; à cinq heures. A cinq heures et demie, les portes enfoncées; emmené au moulin près la tuilerie; mes papiers enlevés, cachetés; conduit dans une charrette, entre deux haies de fusiliers, jusqu'au Rhin. Embarqué pour Rhisnau. Débarqué et marché à pied jusqu'à Pfofsheim ; déjeuné dans l'auberge. Monté en voiture avec le colonel Charlot, le maréchal-des-logis de la gendarmerie, un gendarme sur le siége et Grunstein. Arrivé à Strasbourg chez le colonel Charlot vers cinq heures et demie ; transféré une demi-heure après, dans un fiacre, à la citadelle. Mes compagnons d'infortune venus de Pfofsheim à Strasbourg, avec des chevaux de paysans, dans une charrette ; arrivés à la citadelle en même temps que moi. Descendus chez le commandant ; logés dans son salon pour la nuit, sur des matelas par terre. Des gendarmes à pied dans la pièce d'avant ; deux sentinelles dans la chambre ; une à la porte. Mal dormi.

Vendredi 16. — Prévenu que j'allais changer de logement, je suis à mes frais pour la nourriture, et probablement le bois et la lumière. Le général Leval, commandant la division, accompagné du général Férion, l'un de ceux qui m'a enlevé, viennent me voir. Leur abord très-froid. Je suis transféré dans le pavillon à droite en entrant sur la place en venant de la ville. Je puis communiquer avec les chambres de MM. de Thumery, Jacques et Schmitt par des dégagemens ; mais je ne puis sortir, ni moi, ni mes gens ; on m'annonce pourtant que j'aurai la permission de me promener dans un petit jardin qui se trouve dans une cour derrière mon pavillon. Une garde de douze hommes et un officier est à ma porte. Après le diner, on me sépare de Grunstein, auquel on donne un logement seul de l'autre côté de la cour. Cette séparation ajoute encore à mon malheur. J'ai écrit ce matin à la princesse. J'ai envoyé ma lettre par le commandant au général Leval; je n'ai point de réponse. Je lui demandais d'envoyer un de mes gens à Est; sans doute tout me sera refusé. Les précautions sont extrêmes de tout côté pour que je ne puisse communiquer avec qui que ce soit. Si cette position dure, je crois que le désespoir s'emparera de moi. A quatre heures et demie, on vient visiter mes papiers que le colonel Charlot, accompagné d'un commissaire de sûreté, ouvre en ma présence. On les lit superficiellement. On en fait des liasses séparées, et on me laisse entendre qu'ils vont être envoyés à Paris. Il faudra donc languir des semaines, peut-être des mois. Le chagrin augmente plus je réfléchis à ma cruelle position. Je me couche à onze heures; je suis excédé, et ne puis dormir. Le major de la place, M. Machim, a des formes très-honnêtes; il vient me voir quand je suis couché; il cherche à me consoler par des mots obligeans.

Samedi 17. — Je ne sais rien de ma lettre. Je tremble pour la santé de la princesse ; un mot de ma main la réparerait. Je suis bien malheureux. On vient me faire signer le procès-verbal de l'ouverture de mes papiers. Je demande et obtiens d'y ajouter une note explicative, pour prouver que je n'ai jamais eu d'autres intentions que de servir et faire la guerre. Le soir, on me dit que j'aurai la permission de me promener dans le jardin, même dans la cour, avec l'officier de garde, ainsi que mes compagnons d'infortune, et que mes papiers sont partis pour Paris, par courrier extraordinaire. Je soupe, et me couche plus content.

Dimanche 18. — On vient m'enlever à une heure et demie du matin ; on ne me laisse que le temps de m'habiller ; j'embrasse mes malheureux compagnons, mes gens ; je pars seul avec deux officiers de gendarmerie et deux gendarmes. Le colonel Charlot m'a annoncé que nous allons chez le général de division, qui a reçu des ordres de Paris. Au lieu de cela, je trouve une voiture avec six chevaux de poste, sur la place de l'Église. On me campe dedans. Le lieutenant Pétermann monte à côté de moi ; le maréchal-des-logis Blitersdorff sur le siége ; deux gendarmes, un dedans, l'autre dehors.

N° 2.

Liberté — Égalité.

Extrait des registres des délibérations des consuls de la république.

Paris, le 29 ventose l'an **XII** de la république une et indivisible.

Le gouvernement de la république arrête ce qui suit :

Article Ier. Le ci-devant duc d'Enghien, prévenu d'avoir porté les armes contre la république ; d'avoir été et d'être encore à la solde de l'Angleterre ; de faire partie des complots tramés par cette dernière puissance contre la sûreté intérieure et extérieure de la république ; sera traduit à une commission militaire, composée de sept membres nommés par le général gouverneur de Paris, et qui se réunira à Vincennes.

Art. II. Le grand juge, le ministre de la guerre et le général, gouverneur de Paris, sont chargés de l'exécution du présent arrêté.

Le premier consul, *signé* Bonaparte.

Par le premier consul, *signé* Hugues Maret.

Pour copie conforme,

Le général en chef, gouverneur de Paris,

signé Murat.

N° 3.

Au gouvernement de Paris, le 29 ventose an XII de la république.

Le général en chef, gouverneur de Paris,

En exécution de l'arrêté du gouvernement, en date de ce jour, portant que le ci-devant duc d'Enghien sera traduit devant une commission militaire composée de sept membres, nommés par le général, gouverneur de Paris, a nommé et nomme pour former ladite commission, les sept militaires dont les noms suivent :

Le général Hulin, commandant les grenadiers à pied de la garde des consuls, président;

Le colonel Guitton, commandant le premier régiment de cuirassiers;

Le colonel Bazancourt, commandant le quatrième régiment d'infanterie légère;

Le colonel Ravier, commandant le 18e régiment d'infanterie de ligne;

Le colonel Barrois, commandant le 96e *idem*;

Le colonel Rabbe, commandant le 2e régiment de la garde municipale de Paris;

Le citoyen Dautancourt, major de la gendarmerie d'élite, qui remplira les fonctions de capitaine-rapporteur.

Cette commission se réunira sur-le-champ au château de Vincennes, pour y juger, sans désemparer, le prévenu, sur les charges énoncées dans l'arrêté du gouvernement, dont copie sera remise au président.

J. MURAT.

N° 4.

L'an XII de la république française, aujourd'hui 29 ventose, douze heures du soir; moi, capitaine-major de la gendarmerie d'élite, me suis rendu, d'après l'ordre du général commandant le corps, chez le général en chef *Murat*, gouverneur de Paris, qui me donne de suite l'ordre de me rendre au château de Vincennes, près le général *Hulin*, commandant les grenadiers de la garde des consuls, pour en prendre et recevoir d'ultérieurs.

Rendu au château de Vincennes, le général *Hulin* m'a communiqué : 1° une expédition de l'arrêté du gouvernement du 29 ventose, présent mois, portant que le ci-devant duc d'Enghien serait traduit devant une commission militaire, composée de sept membres, nommés par le général, gouverneur de Paris; 2° l'ordre du général en chef, gouverneur de Paris, de ce jour, portant nomination des membres de la commission militaire, en exécution de l'arrêté précité; lesquels sont les citoyens *Hulin*, général des grenadiers de la garde; *Guitton*, colonel du 1er de cuirassiers; *Bazancourt*, commandant le 4e régiment d'infanterie légère; *Ravier*, commandant le 18e d'infanterie de ligne; *Barrois*, commandant le 96e *idem*; et *Rabbe*, commandant le 2e régiment de la garde de Paris.

Et portant que le capitaine-major soussigné remplira auprès de cette commission militaire les fonctions de capitaine-rapporteur : le même ordre portant encore que cette commission se réunira sur-le-champ au château de Vincennes, pour y juger, sans désemparer, le prévenu, sur les charges énoncées dans l'arrêté du gouvernement susdaté.

Pour l'exécution de ces dispositions, et en vertu des ordres du général *Hulin*, président de la commission, le capitaine soussigné s'est rendu dans la chambre où se trouvait couché le duc d'Enghien, accompagné du chef d'escadron *Jacquin* de la légion d'élite, et des gendarmes à pied du même corps, nommés *Lerva* et *Tharsis*, et encore du citoyen *Noirot*, lieutenant au même corps : le capitaine-rapporteur soussigné a reçu de suite les réponses ci-après, sur chacune des interrogations qu'il lui a adressées, étant assisté du citoyen *Molin*, capitaine au 18ᵉ régiment, greffier choisi par le rapporteur.

— A lui demandé ses noms, prénoms, âge et lieu de naissance?

A répondu se nommer *Louis-Antoine-Henri de Bourbon*, *duc d'Enghien*, né le 2 août 1772 à Chantilly.

— A lui demandé à quelle époque il a quitté la France?

A répondu : « Je ne puis pas le dire précisément; mais je pense que c'est le 16 juillet 1789.» Qu'il est parti avec le prince de Condé, son grand-père, son père, le comte d'Artois et les enfans du comte d'Artois.

— A lui demandé où il a résidé depuis sa sortie de France?

A répondu : « En sortant de France, j'ai passé, avec mes parens que j'ai toujours suivis, par Mons et Bruxelles; dé-là, nous nous sommes rendus à Turin, chez le roi de Sardaigne, où nous sommes restés à peu près seize mois. » De-là, toujours avec ses parens, il est allé à Worms et environs sur les bords du Rhin; ensuite le corps de Condé s'est formé, et j'ai fait toute la guerre. J'avais, avant cela, fait la campagne de 1792 en

Brabant, avec le corps de Bourbon, à l'armée du duc Albert.

— A lui demandé où il s'est retiré depuis la paix faite entre la république française et l'empereur?

A répondu : « Nous avons terminé la dernière campagne aux environs de Gratz; c'est là où le corps de Condé, qui était à la solde de l'Angleterre, a été licencié, c'est-à-dire à Wendisch Facstrictz, en Styrie; » qu'il est ensuite resté pour son plaisir à Gratz ou environs, à peu près six ou neuf mois, attendant des nouvelles de son grand-père, le prince de Condé, qui était passé en Angleterre, et qui devait l'informer du traitement que cette puissance lui ferait, lequel n'était pas encore déterminé. « Dans cet intervalle, j'ai demandé au cardinal de Rohan la permission d'aller dans son pays à Ettenheim, en Brisgaw, ci-devant évêché de Strasbourg; » que depuis deux ans et demi il est resté dans ce pays. Depuis la mort du cardinal, il a demandé à l'électeur de Bade, officiellement, la permission de rester dans ce pays, qui lui a été cédée, n'ayant pas voulu y rester sans son agrément.

— A lui demandé s'il n'est point passé en Angleterre, et si cette puissance lui accorde toujours un traitement?

A répondu n'y être jamais allé ; que l'Angleterre lui accorde toujours un traitement, et qu'il n'a que cela pour vivre.

A demandé à ajouter que les raisons, qui l'avaient déterminé à rester à Ettenheim, ne subsistant plus, il se proposait de se fixer à Fribourg, en Brisgaw, ville beaucoup plus agréable qu'Ettenheim, où il n'était resté qu'attendu que l'électeur lui avait accordé la permission de chasse, dont il était fort amateur.

— A lui demandé s'il entretenait des correspondances avec les princes français retirés à Londres ? s'il les avait vus depuis quelque temps ?

A répondu : Que naturellement il entretenait des correspondances avec son grand-père, depuis qu'il l'avait quitté à Vienne, où il était allé le conduire après le licenciement du corps ; qu'il en entretenait également avec son père, qu'il n'avait pas vu, autant qu'il peut se le rappeler, depuis 1794 ou 1795.

— A lui demandé quel grade il occupait dans l'armée de Condé ?

A répondu : Commandant de l'avant-garde avant 1796. Avant cette campagne, comme volontaire au quartier-général de son grand-père ; et toujours, depuis 1796, comme commandant d'avant-garde ; et observant qu'après le passage de l'armée de Condé en Russie, cette armée fut réunie en deux corps, un d'infanterie, et un de dragons, dont il fut fait colonel par l'empereur; et que c'est en cette qualité qu'il revint aux armées du Rhin.

— A lui demandé s'il connaît le général Pichegru? s'il a eu des relations avec lui?

A répondu : « Je ne l'ai, je crois, jamais vu; je n'ai point eu de relations avec lui. Je sais qu'il a désiré me voir. Je me loue de ne pas l'avoir connu, d'après les vils moyens dont on dit qu'il a voulu se servir, s'ils sont vrais. »

A lui demandé s'il connaît l'ex-général Dumouriez, et s'il a des relations avec lui?

A répondu : Pas davantage; je ne l'ai jamais vu.

— A lui demandé si, depuis la paix, il n'a point entretenu de correspondance dans l'intérieur de la république?

A répondu : « J'ai écrit à quelques amis qui me sont encore attachés, qui ont fait la guerre avec moi, pour leurs affaires et les miennes. Ces correspondances n'étaient pas de celles dont on croit qu'il veuille parler. »

De quoi a été dressé le présent, qui a été signé par le duc d'Enghien, le chef d'escadron Jacquin, le lieutenant *Noirot*, les deux gendarmes et le capitaine-rapporteur.

« Avant de signer le présent procès-verbal, je fais, avec instance, la demande d'avoir une audience particulière du premier consul. Mon nom, mon rang, ma façon de penser et l'horreur de ma situation, me font espérer qu'il ne se refusera pas à ma demande. »

Signé L.-A.-H. De Bourbon.

Et plus bas :

Noirot, *lieutenant* ; et Jacquin.

Pour copie conforme :

Le capitaine faisant fonctions de rapporteur,

Daufancourt.

Molin, *capitaine-greffier*.

N° 5.

Aujourd'hui, le 3o ventose an XII de la république,

La commission militaire, formée en exécution
de l'arrêté du gouvernement, en date du 29 du
courant, composée des citoyens Hulin, général
commandant les grenadiers de la garde des consuls, président ; Guitton, colonel du 1er régiment
de cuirassiers ; Bazancourt, colonel du 4e régiment d'infanterie légère ; Ravier, colonel du
18e régiment de ligne; Barrois, colonel du 96e;
Rabbe, colonel du 2e régiment de la garde de
Paris ; le citoyen Dautancourt, remplissant les
fonctions de capitaine-rapporteur, assisté du citoyen Molin, capitaine au 18e régiment d'infanterie de ligne, choisi pour remplir les fonctions
de greffier; tous nommés par le général en chef,
gouverneur de Paris ;

S'est réunie au château de Vincennes;

A l'effet de juger le ci-devant duc d'Enghien,
sur les charges portées dans l'arrêté précité.

Le président a fait amener le prévenu libre et
sans fers, et a ordonné au capitaine-rapporteur
de donner connaissance des pièces tant à charge
qu'à décharge, au nombre d'une.

Après lui avoir donné lecture de l'arrêté susdit, le président lui a fait les questions suivantes :

— Vos noms, prénoms, âge et lieu de naissance?

A répondu se nommer Louis-Henri de Bourbon, duc d'Enghien, né à Chantilly, le 2 août 1772.

— A lui demandé s'il a pris les armes contre la France ?

A répondu qu'il avait fait toute la guerre, et qu'il persistait dans la déclaration qu'il a faite au capitaine-rapporteur, et qu'il a signée. A de plus ajouté qu'il était prêt à faire la guerre, et qu'il désirait avoir du service dans la nouvelle guerre de l'Angleterre contre la France.

— A lui demandé s'il était encore à la solde de l'Angleterre ?

A répondu que oui ; qu'il recevait, par mois, cent cinquante guinées de cette puissance.

La commission, après avoir fait donner au prévenu lecture de ses déclarations par l'organe de son président, et lui avoir demandé s'il avait quelque chose à ajouter dans ses moyens de défense, il a répondu n'avoir rien à dire de plus, et y persister.

Le président a fait retirer l'accusé ; le conseil délibérant à huis-clos, le président a recueilli les voix, en commençant par le plus jeune en grade ;

le président ayant émis son opinion le dernier ,
l'unanimité des voix l'a déclaré coupable, et lui
a appliqué l'art. .... de la loi du..., ainsi conçu...
et, en conséquence , l'a condamné à la peine de
mort.

Ordonne que le présent jugement sera exécuté
de suite, à la diligence du capitaine-rapporteur,
après en avoir donné lecture, en présence des différens détachemens des corps de la garnison, au
condamné.

Fait, clos et jugé sans désemparer, à Vincennes,
les jour, mois et an que dessus ; et avons signé.

Signé P. HULIN , BAZANCOURT, RABBE , BARROIS,
DAUTANCOURT, *rapporteur;* GUITTON , RAVIER.

Nota. La minute ne porte pas la signature du
greffier Molin.

N° 6.

Paris , le 3o ventose de l'an XII de la république.

Le conseiller d'État, spécialement chargé de l'instruction et de la suite de toutes les affaires relatives à la tranquillité et à la sûreté intérieures de la république,

Au général de brigade Hulin , commandant les grenadiers de la garde.

Général ,

Je vous prie de me transmettre le jugement rendu **ce matin** contre l'ex-duc d'Enghien , ainsi que les interrogatoires qu'il a prêtés.

Je vous serai obligé , si vous pouvez le remettre à l'agent qui vous portera ma lettre.

J'ai l'honneur de vous saluer ,

Réal.

N° 7.

Paris, le 30 ventose de l'an XII de la république.

Le conseiller d'État, etc.

Au général de brigade Hulin, etc.

Général,

J'attends le jugement et les interrogatoires de l'ex-duc d'Enghien, pour me rendre à la Malmaison, auprès du premier consul.

Veuillez me faire savoir à quelle heure je pourrai avoir ces pièces. Le porteur de ma lettre pourrait se charger du paquet, et attendre qu'il soit prêt, si les expéditions sont avancées.

J'ai l'honneur, etc.

RÉAL.

N° 8.

*Au gouvernement de Paris, le 1ᵉʳ germinal
an XII de la république.*

Le général en chef, gouverneur de Paris;

Envoyez-moi, je vous prie, mon cher Hulin,
copie de l'interrogatoire qu'on a fait au ci-devant
duc d'Enghien.

Il pourrait être *utile* au citoyen Thuriot.

Je vous salue,

MURAT.

N° 9.

Paris, le 2 germinal de l'an XII de la république.

Le conseiller d'État.... etc., etc.

A reçu du général de brigade Hulin, commandant les grenadiers à pied de la garde, un
petit paquet contenant *des cheveux, un anneau
d'or et une lettre*, ce petit paquet portant la
suscription suivante : « Pour être remis à ma-
» dame la princesse de Rohan, de la part du ci-
» devant duc d'Enghien. »

RÉAL.

N° 10.

Commission militaire spéciale,

Formée dans la première division militaire, en vertu de l'arrêté du gouvernement, en date du 29 ventose an XII de la république une et indivisible.

JUGEMENT.

Au nom du peuple français,

Ce jourd'hui, 3o ventose an XII de la république, la commission militaire spéciale formée dans la première division militaire, en vertu de l'arrêté du gouvernement, en date du 29 ventose an XII, composée, d'après la loi du 19 fructidor an V, de sept membres; savoir, les citoyens :

Hulin, général de brigade, commandant les grenadiers à pied de la garde, président;

Guitton, colonel, commandant le 1ᵉʳ régiment de cuirassiers;

Bazancourt, commandant le 4ᵉ régiment d'infanterie légère;

Ravier, colonel du 18ᵉ régiment d'infanterie de ligne;

Barrois, colonel, commandant le 96ᵉ régiment de ligne;

Rabbe, colonel, commandant le 2ᵉ régiment de la garde municipale de Paris;

Dautancourt, capitaine, major de la gendarmerie d'élite, faisant les fonctions de capitaine-rapporteur;

Molin, capitaine au 18ᵉ régiment d'infanterie de ligne, greffier; tous nommés par le général en chef Murat, gouverneur de Paris et commandant la première division militaire.

Lesquels président, membres, rapporteur et greffier, ne sont ni parens, ni alliés entr'eux, ni du prévenu, au degré prohibé par la loi.

La commission convoquée par l'ordre du général en chef, gouverneur de Paris, s'est réunie au château de Vincennes, dans le logement du commandant de la place, à l'effet de juger le nommé Louis-Antoine-Henri de Bourbon, duc d'Enghien, né à Chantilly le 2 août 1772, taille de 1 mètre 705 millimètres, cheveux et sourcils châtain-clair, figure ovale, longue, bien faite, yeux gris tirant sur le brun, bouche moyenne, nez aquilin, menton un peu pointu, bien fait; accusé:

1°. D'avoir porté les armes contre la république française;

2°. D'avoir offert ses services au gouvernement anglais, ennemi du peuple français;

3°. D'avoir reçu et accrédité près de lui des

agens dudit gouvernement anglais , de leur avoir procuré les moyens de pratiquer des intelligences en France, et d'avoir conspiré avec eux contre la sûreté intérieure et extérieure de l'État;

4°. De s'être mis à la tête d'un rassemblement d'émigrés français et autres soldés par l'Angleterre, formé sur les frontières de la France, dans les pays de Fribourg et de Baden;

5°. D'avoir pratiqué des intelligences dans la place de Strasbourg, tendantes à faire soulever les départemens circonvoisins, pour y opérer une diversion favorable à l'Angleterre;

6°. D'être l'un des fauteurs et complices de la conspiration tramée par les Anglais contre la vie du premier consul, et devant, en cas de succès de cette conspiration, entrer en France.

La séance ayant été ouverte, le président a ordonné au rapporteur de donner lecture de toutes les pièces, tant celles à charge que celles à décharge.

Cette lecture terminée, le président a ordonné à la garde d'amener l'accusé, lequel a été introduit libre et sans fers devant la commission.

— Interrogé de ses noms, prénoms, âge, lieu de naissance et domicile ?

A répondu se nommer Louis-Antoine-Henri de Bourbon, duc d'Enghien, âgé de 32 ans, né à

Chantilly, près Paris, ayant quitté la France depuis le 16 juillet 1789.

Après avoir fait prêter interrogatoire à l'accusé par l'organe du président sur tout le contenu de l'accusation dirigée contre lui; ouï le rapporteur en son rapport et ses conclusions, et l'accusé dans ses moyens de défense; après que celui-ci a eu déclaré n'avoir plus rien à ajouter pour sa justification, le président a demandé aux membres s'ils avaient quelques observations à faire; sur leur réponse négative, et avant d'aller aux opinions, il a ordonné à l'accusé de se retirer.

L'accusé a été reconduit à la prison par son escorte, et le rapporteur, le greffier, ainsi que les citoyens assistans dans l'auditoire, se sont retirés sur l'invitation du président.

La commission délibérant à huis-clos, le président a posé les questions ainsi qu'il suit :

Louis-Antoine-Henri de Bourbon, duc d'Enghien, accusé :

1°. D'avoir porté les armes contre la république française, est-il coupable ?

2°. D'avoir offert des services au gouvernement anglais, ennemi du peuple français, est-il coupable?

3°. D'avoir reçu et accrédité près de lui des agens dudit gouvernement anglais; de leur avoir procuré des moyens de pratiquer des intelligences en France ; d'avoir conspiré avec eux contre la sûreté extérieure et intérieure de l'État, est-il coupable ?

4°. De s'être mis à la tête d'un rassemblement d'émigrés français et autres soldés par l'Angleterre, formé sur les frontières de la France, dans les pays de Fribourg et de Baden, est-il coupable?

5°. D'avoir pratiqué des intelligences dans la place de Strasbourg, tendantes à faire soulever les départemens circonvoisins, pour y opérer une diversion favorable à l'Angleterre , est-il coupable?

6°. D'être l'un des fauteurs et complices de la conspiration tramée par les Anglais contre la vie du premier consul, et devant, en cas de succès de cette conspiration, entrer en France, est-il coupable ?

Les voix recueillies séparément sur chacune des questions ci-dessus, commençant par le moins ancien en grade, le président ayant émis son opinion le dernier,

La commission déclare le nommé Louis-Antoine-Henri de Bourbon, duc d'Enghien,

1°. A l'unanimité, coupable d'avoir porté les armes contre la république française ;

2°. A l'unanimité, coupable d'avoir offert ses

services au gouvernement anglais , ennemi du peuple français ;

3°. A l'unanimité , coupable d'avoir reçu et accrédité près de lui des agens dudit gouvernement anglais ; de leur avoir procuré des moyens de pratiquer des intelligences en France , et d'avoir conspiré avec eux contre la sûreté intérieure et extérieure de l'État ;

4°. A l'unanimité, coupable de s'être mis à la tête d'un rassemblement d'émigrés français et autres , soldés par l'Angleterre , formé sur les frontières de la France, dans les pays de Fribourg et de Baden ;

5°. A l'unanimité, coupable d'avoir pratiqué des intelligences dans la place de Strasbourg, tendantes à faire soulever les départemens circonvoisins, pour y opérer une diversion favorable à l'Angleterre ;

6°. A l'unanimité, coupable d'être l'un des fauteurs et complices de la conspiration tramée par les Anglais contre la vie du premier consul , et devant, en cas de succès de cette conspiration, entrer en France.

Sur ce, le président a posé la question relative à l'application de la peine. Les voix recueillies de nouveau dans la forme ci-dessus indiquée, la commission militaire spéciale condamne à l'unanimité, à la peine de mort, le nommé Louis-Antoine-Henri de Bourbon, duc d'Enghien, en réparation des crimes d'espionnage, de correspondance avec les ennemis de la république, d'attentat contre la sûreté intérieure et extérieure de l'État.

Ladite peine prononcée en conformité des articles 2, titre 4, du Code militaire des délits et des peines du 21 brumaire an V; 1er et 2e, 2^c section du titre 1er du Code pénal ordinaire du 6 octobre 1791, ainsi conçus, savoir :

Art. II (du 21 brumaire an V). « Tout individu, quel que soit son état, qualité ou profession, convaincu d'espionnage pour l'ennemi, sera puni de mort. »

Art. Ier (du 6 octobre 1791). « Tout complot ou attentat contre la république, sera puni de mort. »

Art. II (*id.*). « Toute conspiration et complot, tendant à troubler l'État par une guerre civile, et armant les citoyens les uns contre les autres, ou contre l'exercice de l'autorité légitime, sera puni de mort. »

Enjoint au capitaine-rapporteur de lire de suite le présent jugement, en présence de la garde assemblée sous les armes, au condamné.

Ordonne qu'il en sera envoyé, dans les délais prescrits par la loi, à la diligence du président et du rapporteur, une expédition tant au ministre de la guerre, au grand-juge, ministre de la justice, et au général en chef, gouverneur de Paris.

Fait, clos et jugé sans désemparer, les jour, mois et an dits, en séance publique; et les membres de la commission militaire spéciale ont signé, avec le rapporteur et le greffier, la minute du jugement.

Signé GUITTON, BAZANCOURT, RAVIER, BARROIS, RABBE, DAUTANCOURT, capitaine-rapporteur; MOLIN, capitaine-greffier, et HULIN, président.

Pour copie conforme,

Le président de la commission spéciale,

P. HULIN.

P. DAUTANCOURT, capitaine-rapporteur;

MOLIN, capitaine-greffier.

N° 11.

Paris, le 22 germinal an XII de la république

Le ministre de la guerre,

Au général Hulin, etc., etc.

J'ai reçu, citoyen-général, avec votre lettre, copie du jugement rendu le 3o ventose dernier, par une commission militaire, contre l'ex-duc d'Enghien. Je vous remercie de cet envoi.

Je vous salue,

BERTHIER.

FIN DES PIÈCES

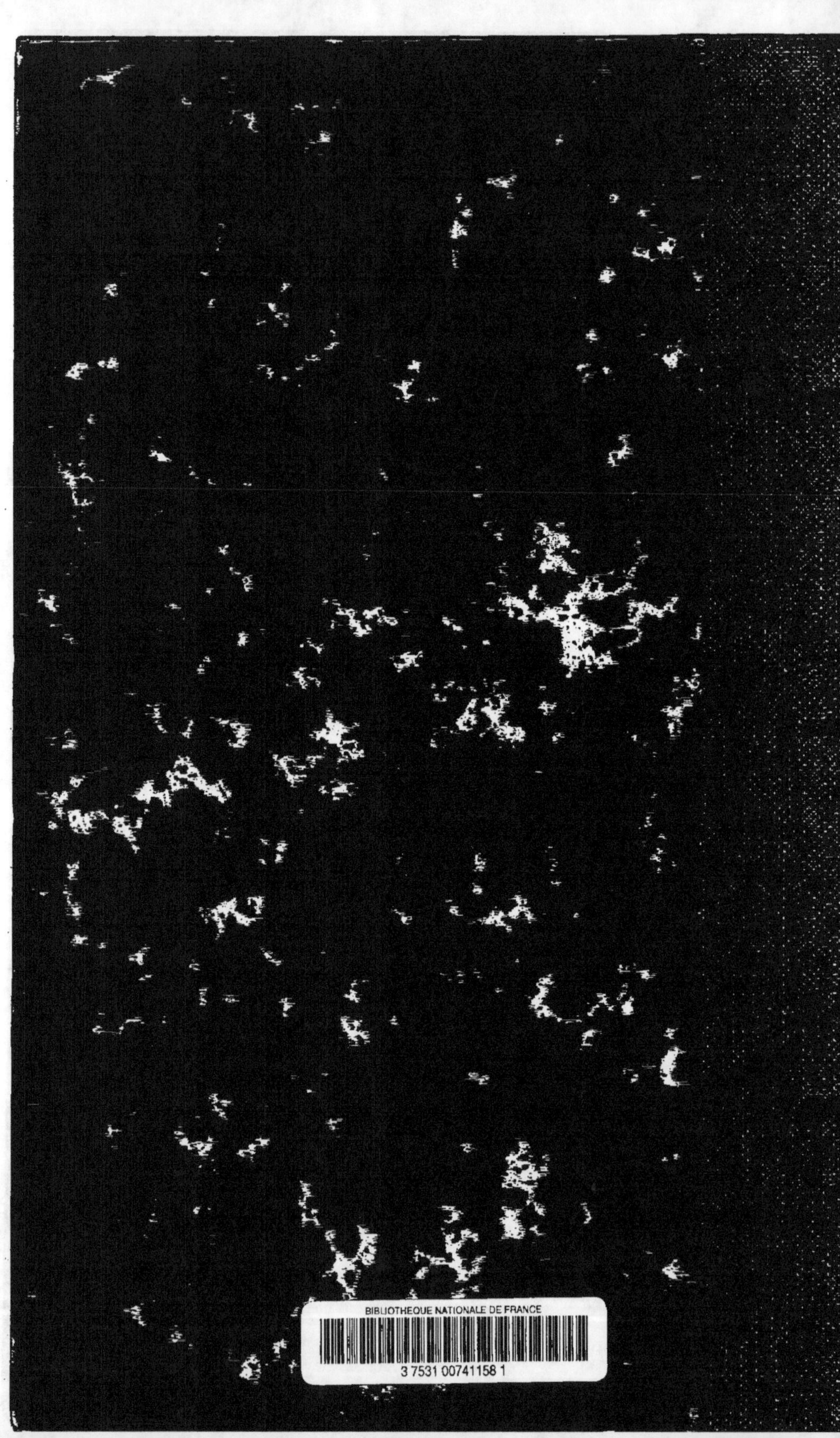